BEI GRIN MACHT SICH IHR WISSEN BEZAHLT

Bibliografische Information der Deutschen Nationalbibliothek:

Die Deutsche Bibliothek verzeichnet diese Publikation in der Deutschen National-bibliografie; detaillierte bibliografische Daten sind im Internet über http://dnb.d-nb.de/ abrufbar.

Dieses Werk sowie alle darin enthaltenen einzelnen Beiträge und Abbildungen sind urheberrechtlich geschützt. Jede Verwertung, die nicht ausdrücklich vom Urheberrechtsschutz zugelassen ist, bedarf der vorherigen Zustimmung des Verlages. Das gilt insbesondere für Vervielfältigungen, Bearbeitungen, Übersetzungen, Mikroverfilmungen, Auswertungen durch Datenbanken und für die Einspeicherung und Verarbeitung in elektronische Systeme. Alle Rechte, auch die des auszugsweisen Nachdrucks, der fotomechanischen Wiedergabe (einschließlich Mikrokopie) sowie der Auswertung durch Datenbanken oder ähnliche Einrichtungen, vorbehalten.

Impressum:

Copyright © 2016 GRIN Verlag
Druck und Bindung: Books on Demand GmbH, Norderstedt Germany
ISBN: 9783346140111

Dieses Buch bei GRIN:

https://www.grin.com/document/535311

Malte Henschel

Eine ökonomische Betrachtung von Open-Source Software

GRIN Verlag

GRIN - Your knowledge has value

Der GRIN Verlag publiziert seit 1998 wissenschaftliche Arbeiten von Studenten, Hochschullehrern und anderen Akademikern als eBook und gedrucktes Buch. Die Verlagswebsite www.grin.com ist die ideale Plattform zur Veröffentlichung von Hausarbeiten, Abschlussarbeiten, wissenschaftlichen Aufsätzen, Dissertationen und Fachbüchern.

Besuchen Sie uns im Internet:

http://www.grin.com/

http://www.facebook.com/grincom

http://www.twitter.com/grin_com

Otto-von-Guericke-Universität Magdeburg
Fakultät für Wirtschaftswissenschaft

Bachelorarbeit

Titel:

Eine ökonomische Betrachtung von Open Source Software

von Malte Henschel
Bachelorstudiengang Betriebswirtschaftslehre (B.Sc.)
Abgabetermin: 22.12.2016

Inhaltsverzeichnis der Bachelorarbeit

1.Einleitung

In den letzten Jahren hat der Begriff der Open Source Software immer mehr Beachtung in der Öffentlichkeit erlangt. Ein Grund dafür war unter Anderem das immer größer werdende Interesse von großen Firmen wie Hewlett Packard, Sun oder IBM (vgl. Lerner und Tirole, 2002). Auch andere kommerzielle Softwareanbieter wie Microsoft nehmen die Konkurrenz aus der Open Source Gemeinschaft sehr ernst, wie das folgende Zitat aus den Halloween Dokumenten[1] zeigt:

„The ability of the OSS process to collect and harness the collective IQ of thousands of individuals across the Internet is simply amazing. Linux and other OSS advocates are making a progressively more credible argument that OSS software is at least as robust—if not more than commercial alternatives."[2]

Ein anderer Grund für die steigende öffentliche Beachtung von Open Source Software ist die Anfälligkeit von kommerzieller Standardsoftware gegenüber Viren, Trojanern und anderen Schadprogrammen, die durch Sicherheitslücken eindringen können. Der Open Source Software wird hier ein komparativer Vorteil zugeschrieben. (vgl. Renner et al., 2005)

Auch wenn die öffentliche Betrachtung von Open Source Software erst in den letzten Jahren immer mehr zugenommen hat, gibt es die Tradition der nicht kommerziellen Weitergabe von Software und Softwarecodes unter den Entwicklern schon deutlich länger. Lerner und Tirole (2002) gliedern den Werdegang der Softwareentwicklung, die Entstehung von Open Source Software und die dazugehörige Bewegung in drei Zeitabschnitte. Die erste Ära ging von den frühen 1960er bis zu den frühen 1980er Jahren und war dadurch geprägt, dass die kostenfreie Weitergabe von Quellcodes allgemein praktiziert wurde. Mit der steigenden Anzahl von Websites entwickelte sich auch das Wissen der Entwickler stetig weiter und Informationen zu Quellcodes wurde immer weiter verbreitet. Die zweite Ära beginnt mit Ende der ersten und verlief bis zu den frühen 1990er Jahren. Diese Ära ist insofern wichtig, da zum ersten Mal über Grundregeln und Rechte in der kooperativen Softwareentwicklung gesprochen wurde. Auch die heutzutage am

---

[1] Dokumente von Microsoft zum Thema OSS, die an die Öffentlichkeit gelangten.

[2] https://www.gnu.org/software/fsfe/projects/ms-vs-eu/halloween1.html

häufigsten verwendete Open Source-Lizenz, die „General Public License" (kurz: GPL), auf die im späteren Verlauf der Arbeit noch genauer eingegangen wird, hat ihren Ursprung in dieser Ära. Die dritte und letzte Ära die von Lerner und Tirole (2002) beschrieben wird, schließt sich unmittelbar der vorherigen Ära an und läuft bis zum heutigen Tag. Durch die schnelle Entwicklung des Internets nahm auch die Anzahl an Open Source-Projekten zu und es kam zu vielen Neuerungen. Die Zusammenarbeit mit kommerziellen Softwareentwicklern stieg an und es wurden weniger restriktive Lizenzen entworfen. Aus diesen neuen Anforderungen an Open Source Software entwickelte sich die „Open Source Definition", an der sich die Lizenzen zu orientieren haben.

2. Zielsetzung der Bachelorarbeit

Durch die steigende Relevanz und Attraktivität beschäftigen sich, wie bereits kurz erwähnt, auch größere Firmen der Softwarebranche mit dem Thema Open Source. Der Umsatz von Linux-basierten Servern, Software und Dienstleistungen belief sich bei IBM und HP im Jahre 2003 auf circa 3,5 Milliarden US$.[3] Die größte Plattform für Open Source-Projekte „SourceForge.net" listete im März 2004 über 78000 Projekte, an denen man sich beteiligen kann. (vgl. Lerner und Tirole, 2005)

Dies sind gute Gründe, um sich mit dem Thema der Open Source Software genauer zu beschäftigen und auch aus volkswirtschaftlicher Sicht einen Blick darauf zu werfen. Hierbei sollen Gründe und Motivation genannt werden, warum Privatpersonen und Firmen sich an Open Source-Projekten beteiligen. Außerdem soll Open Source Software im Hinblick auf Effizienz und Wohlfahrtswirkungen untersucht werden. Zusätzlich sollen Wechselwirkungen zwischen Open Source Software und kommerzieller Software, „Closed Source Software", betrachtet werden. Abschließend wird noch die Frage beantwortet, ob es sich bei der GPL um eine rationale Lösung handelt. Der Einfachheit halber werden Open Source Software im weiteren Verlauf als OSS und kommerzielle Software („Closed Source Software") als CSS bezeichnet.

Diese Arbeit bezieht sich hauptsächlich auf eine Arbeit von den Autoren Pasche und von Engelhardt der Friedrich-Schiller-Universität Jena. Die Arbeit stellt eine kritische Betrachtung von einer von Microsoft Deutschland in Auftrag gegebenen Studie des

---

[3] http://www.pro-linux.de/news/1/6363/hp-und-ibm-melden-umsatzsteigerungen.html

Münster Institute for Computational Economics dar. Ergänzt wird diese Arbeit von wissenschaftlichen Papieren von Ökonomen, hauptsächlich aus dem Bereich der Volkswirtschaft.

3. Open Source Software

Der nächste Abschnitt soll zunächst die Eigenschaften von Software im Allgemeinen erklären, da diese spezifische Eigenarten aufweisen, welche sie von Gütern im klassischen Sinne unterscheidet. (vgl. Pasche und von Engelhardt, 2004) Anschließend werden Charakteristika dargelegt, an denen sich die Lizenzen für OSS zu orientieren haben. Abschließend widmet sich dieser Abschnitt der Frage, inwieweit OSS als öffentliches Gut angesehen werden kann.

3.1 Eigenschaften von Software

Software lässt sich als Erfahrungsgut charakterisieren. Der User der Software kann den Nutzen, den er aus dem Gebrauch erhält, nicht vor dem Kauf feststellen. Das nötige Wissen erhält der Nutzer also erst nach Kauf und Umgang mit der Software. Die Entscheidung, die hier getroffen wird, ist also eine Entscheidung unter Unsicherheit. (vgl. Ewers u. a. (2003), S.286) Der Nutzer der Software baut durch die regelmäßige Verwendung ein spezifisches Humankapital auf. Dieses Humankapital ist insofern spezifisch, dass der Nutzer im Verlauf der Zeit Wissen und Erfahrung im Umgang mit der Software aufbaut. Die Produktivität steigt also mit der Nutzung der Software, da der Nutzer sie immer besser kennenlernt und beherrscht. Anders formuliert: Es steigt die Produktivität mit steigendem Humankapital. An dieser Stelle zeigt sich, dass Software, wie bei vielen anderen Werkzeugen, erst durch die Fähigkeit sie zu orientiert anzuwenden (Aufbau Humankapital) Nutzen stiftet. (vgl. Pasche und von Engelhardt, 2004)

Bei der Herstellung von Software, ist die Kostenfunktion von sehr hohen Entwicklungskosten geprägt. Diese Kosten, sogenannte „first-copy-costs", fallen zum größten Teil auf Entwicklung, Programmierung und Testläufe an. Hierbei handelt es sich gleichzeitig um „sunk-costs". Die Grenzkosten hingegen sind sehr gering. (vgl. Kalwey 2003, S.20) Liegt die Software in digitaler Form vor, sind die anfallenden Kosten für Verpackung und Vertrieb sehr gering. Bei einem Vertrieb über das Internet gehen diese Kosten sogar gegen null. Durch diese degressiven Durchschnittskostenverläufe kann die Softwareindustrie Skalenvorteile ausnutzen. Verdeutlicht wird dieser degressive Durchschnittskostenverlauf durch Abbildung 1. Gleichzeitig gilt, dass die Grenzkosten den durchschnittlichen variablen Kosten entsprechen. (Knebel und Kürner, 2015)

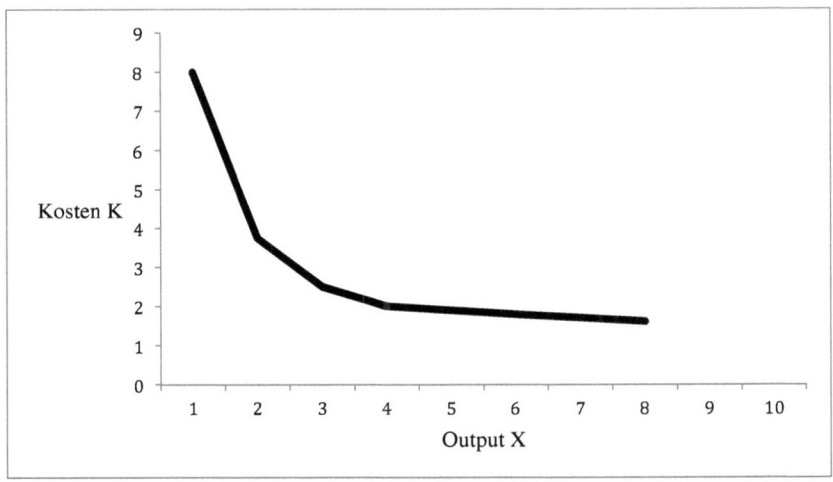

Abbildung 1: Beispiel für einen degressiven Durchschnittskostenverlauf

Neben den Skaleneffekten treten bei der Softwareproduktion auch Verbundvorteile auf. Das heißt, dass bei der Produktion neuer Software Teile von bereits entwickelter Software wiederverwendet werden können. (vgl. Gröhn, 1999, S.5) Wenn bei der Produktion eines Gutes solche Verbundvorteile und Skaleneffekte auftreten, kann es zur Bildung eines natürlichen Monopols kommen. Allerdings sind bei der Softwareentwicklung und Produktion diese Merkmale nicht hinreichend ausgeprägt, weshalb es dadurch nicht zur Bildung eines solchen Monopols kommt. Laut Fichert (2002, S.3) werden Monopolisierungstendenzen eher aufgrund von Netzwerkeffekten als bedeutend angesehen. Auch Gröhn (1999, S.112 ff.) zeigt in seiner Arbeit, dass die Konzentration auf Softwaremärkten eher auf Netzwerkeffekte zurückzuführen ist. Bei einer allein durch Skaleneffekte hervorgerufenen marktbeherrschenden Stellung könnten Konkurrenten durch Produktdifferenzierung in den Markt eindringen. Bei stark ausgeprägten Netzwerkeffekten ist diese Möglichkeit aber nicht umsetzbar.

Der Nutzen einer Software wird größer, je größer die Anzahl an Nutzern ist oder je größer der Marktanteil der jeweiligen Software ist. Dieser Netzwerkeffekt (nachfrageseitig) tritt vor allem durch die einfache Verbreitung im Internet auf und durch die Chance, dass mit größerem Erfolg der Software mehr Komplementärprodukte erstellt werden. Auch die Vorteile der Datenkompatibilität unterstützen diesen nachfrageseitigen Netzwerkeffekt.

Angebotsseitig entstehen bei der Softwareproduktion ebenfalls Netzwerkeffekte. Die Einfachheit der Entwicklung von Software steigt mit der Homogenität der Software. (vgl. Pasche und von Engelhardt, 2004) Die angesprochenen Netzwerkeffekte können unter Anderem durch Lock-in-Effekte zu stabilen, aber gleichzeitig pareto-ineffizienten Gleichgewichten führen. (Gröhn, 1999, S.39 ff.)

Wie sich die Besonderheiten des Gutes Software auf die Bereitstellung auf Märkten auswirkt, wird in Kapitel 5 beschrieben.

3.2 Charakteristika von Open Source Software

Bei der Definition von OSS reicht es nicht nur zu sagen, dass der Quellcode der Software offen zugänglich ist, sondern dass die Distributionsbedingungen der Software den Kriterien der Open Source Initiative (kurz: OSI) entsprechen müssen. Die OSI hat hierfür 10 Kriterien entwickelt.[4] Es handelt sich dabei nicht um eine Lizenz, die von der OSI vergeben wird, sondern eher um einen Standard, an denen Lizenzen gemessen werden und bei denen die OSI die Rolle einer Zertifizierungsinstanz einnimmt. (vgl. Buxmann und Hess, 2015)

Zunächst einmal darf die Lizenz niemanden in seinem Recht einschränken, die OSS zu verschenken oder zu verkaufen, auch wenn die Software Teil eines Software-Paketes ist und die Programme unterschiedlichen Ursprungs sind. Für den Fall eines Verkaufes dürfen keinerlei Lizenzgebühren erhoben werden. Außerdem muss das Programm, wie es bei einer einfachen Definition von OSS der Fall ist, den Quellcode beinhalten. Bei einer Weitergabe muss, neben dem Quellcode, auch die kompilierte Form für eben jene Weitergabe zulässig sein. Kommt es dennoch zu einer Weitergabe des Programmes ohne den Quellcode, so muss es eine allgemein bekannte Form der Beschaffung geben. Häufig kommt es hier zu einem kostenlosen Download über das Internet. Da der Quellcode die bevorzugte Form der Programmierer ist, sind wissentlich unverständliche Quellcodes, sowie Zwischenformen nicht zulässig. Modifikationen und Veränderungen der Software sind durch die Lizenz zugelassen. Die dadurch entstandenen modifizierten Programme sind unter den gleichen Bestimmungen wie die Originalsoftware weiterzugeben. Die Rechte an einem Programm gehen weiterhin auf alle Personen über, die diese Software erhalten. Die Personen müssen bei Erhalt der Software keine eigene Lizenz erwerben beziehungsweise

---

[4] https://opensource.org/osd - Kriterien der Open Source Initiative

beantragen. Wenn die Lizenz vorsieht, dass zusammen mit dem Quellcode sogenannte „Patch Files" weitergegeben werden dürfen, dann darf die Lizenz die Möglichkeit, den Quellcode in veränderter Form weiterzugeben, einschränken. „Patch Files" sind die veränderten Softwarekomponenten, die den Programmcode bei der Kompilierung verändern. Grundsätzlich muss die Lizenz die Weitergabe von Software, die ihren Ursprung in veränderten Quellcodes hat, erlauben, allerdings darf sie dann verlangen, dass die modifizierten Programme andere Namen oder Versionsnummern tragen. Die Lizenz darf niemanden benachteiligen und niemanden daran hindern, das Programm in bestimmten Bereichen zu verwenden. So darf sie nicht ausschließen, dass das Programm in einem anderen Geschäftsbereich zum Einsatz kommt. Weiterhin darf die Lizenz die Weitergabe zusammen mit anderer Software nicht einschränken. Das heißt, dass zum Beispiel nicht alle Programme auf einem Medium quelloffen sein müssen. Außerdem dürfen die Rechte an einem Programm nicht davon abhängig sein, ob das Programm als Teil eines größeren Paketes angeboten wird. Sollte ein Programm aus dem Paket genommen und im Rahmen der zu diesen Programm gehörenden Lizenz weitergegeben werden, so erhalten alle Personen, die Zugang zu dem Programm bekommen, alle Rechte die auch im Software-Paket gewährt wurden. (vgl. Buxmann und Hess, 2015)

Software, die unter die OS-Lizenz gestellt werden will, muss alle aufgezählten Kriterien erfüllen. Die Erfüllung von lediglich einigen dieser Kriterien ist unzulässig und hat zur Folge, dass es sich nicht um OSS im Sinne der OSI handelt. Die Entwicklung der Kriterien war keineswegs als kostenlose Alternative zu CSS gedacht. Vielmehr stand die Schaffung von qualitativ hochwertigen Softwareprodukten, die gleichzeitig noch weiterentwickelbar sind- im Gegensatz zu CSS, bei der dieselben Komponenten zum Teil von mehreren Firmen entwickelt werden- im Vordergrund. (vgl. Renner et al. , 2005)

Bis zum heutigen Tag wurden mehr als 60 solcher Lizenzen von der OSI abgesegnet. Die am häufigsten zur Anwendung kommende Lizenz ist die „General Public License" (GNU GPL oder GPL). Einige Lizenzen, die von der OSI zertifiziert wurden, sind weit weniger restriktiv als die GPL und erleichtern es Softwareanbietern OSS zu kommerzialisieren. Die BSD-Lizenz beispielsweise hat es Microsoft ermöglicht, Open Source Codes in Windows zu integrieren. Hätte dieser Code unter der GPL gestanden, wäre es Microsoft nicht erlaubt gewesen, den Code zu verwenden. (vgl. Buxmann und Hess, 2015)

3.3 Vor- und Nachteile von Open Source Software

Welche Kriterien Software zu erfüllen hat, damit sie zu OSS wird, wurde im vorangegangenen Abschnitt erklärt. Doch wie sehen die Vor- und Nachteile von OSS für Entwickler und Nutzer aus?

Renner et al. (2005) nennen als ersten Vorteil die Möglichkeit der großen Anpassungsfähigkeit. Bei entsprechenden Kenntnissen kann OSS optisch und praktisch an den eigenen Geschmack angepasst werden. Dabei kommt es, ähnlich wie bei einer Neuentwicklung, immer wieder zu Synergieeffekten. Das heißt, dass die Vorteile der bereits vorhandenen Software mit den individuellen Aspekten der eigenen Entwicklung ergänzt werden können. Wie bereits schon erwähnt treten bei der Produktion von OSS Verbundvorteile auf, die es ermöglichen, Komponenten von OS-Produkten in eigenen Entwicklungen zu verwenden und so wertvolle Zeit zu sparen. Darüber hinaus kommt es durch die freie Verfügbarkeit von Quellcodes zu einem Wissenstransfer in der Entwicklergemeinde. Neben der Verwendung von anderen Codes kann man durch die Studie von anderen Quellcodes eventuell Rückschlüsse auf eigene Entwicklungen erlangen und sein Problem selbstständig lösen. Die Befürworter von OSS schreiben der OSS eine tendenziell höhere Qualität als den kommerziellen Produkten zu. Das liegt daran, dass der Entwicklungsprozess wesentlich vielfältiger ist und meist wesentlich mehr Entwickler an der Entwicklung teilhaben. Hinzu kommt, dass OSS keinen Marktzwängen unterliegt. Des Weiteren bietet OSS dem Nutzer eine Anbieterunabhängigkeit. Damit ist gemeint, dass sich der Nutzer in kein Abhängigkeitsverhältnis mit den Herstellern begibt und er auch keine besonderen Nutzungsbedingungen akzeptieren muss. Da häufig sehr viele Entwickler an der Entwicklung von OSS beteiligt sind, können Sicherheitslücken und andere Sicherheitsprobleme ausgemerzt werden, weshalb OSS oft als sicherer als kommerzielle Software beschrieben wird. Auch das Einfügen von Hintertüren würde bei der großen Anzahl an Entwicklern und der Möglichkeit den Quellcode einzusehen schnell auffallen. Die Standards im Bereich Dateiformate und Austausch, unter denen OSS angeboten werden, sind grundsätzlich offengelegt, was zu einer erhöhten Interoperabilität und Kompatibilität mit anderer Software führt. Das heißt, dass entsprechende Schnittstellen mit einem geringen zeitlichen Aufwand erstellt werden können.

Im Bereich von OSS werden keine Lizenzkosten fällig, was häufig als großer Vorteil von OSS im Vergleich zu kommerzieller Software gesehen wird, da es zu einer größeren Wirtschaftlichkeit von OSS führt. Ein genauerer Vergleich der Wirtschaftlichkeit von OSS und CSS folgt im späteren Verlauf. Im Gegensatz zu CSS beziehungsweise kommerzieller Software, können Nutzer bei OSS keinerlei Ansprüche gegenüber den Entwicklern geltend machen. Die Entwickler übernehmen bei den gängigen Lizenzen auch keine Garantie für die Funktionstüchtigkeit der Software, sodass der Entwickler das gesamte Risiko trägt. (vgl. Renner et al., 2005)

Ein weiterer Nachteil der OSS ist, dass es oft keinen Support der Entwickler für die Nutzer der Software gibt. Einige Drittanbieter nutzen diesen Umstand und bieten passende Dienstleistungen für OSS als Teil ihres Geschäftsmodells an, auf die im Bedarfsfall von Nutzern zurückgegriffen werden kann. Auch wenn OSS immer mehr öffentliche Aufmerksamkeit erhält, so sind auf dem Arbeitsmarkt meist noch die kommerziellen Pendants gefragt, beziehungsweise sind diese bei den Nutzern weiter verbreitet. Als Beispiel sind hier Office-Anwendungen und Betriebssysteme zu nennen. Soll es zur Anwendung von kostenlosen Alternativen kommen, so müssen Mitarbeiter eventuell erst Schulungen für den Umgang mit dieser Software durchlaufen. Durch diese Schulungen kann es zunächst zu Einschränkungen in der Produktivität der Mitarbeiter kommen. (vgl. Renner et al., 2005)

Für Entwickler gibt es die Möglichkeit, ihr Projekt fallen zu lassen, ohne es fertiggestellt zu haben oder im weiteren Verlauf Verbesserungen durchzuführen. Gegenüber einer längerfristigen Planung ist das als Nachteil aufzuzählen. Dennoch gibt es für Nutzer mit Kenntnissen im Umgang mit Quellcodes die Möglichkeit, die Programme selber zu warten beziehungsweise fertigzustellen, da der Quellcode öffentlich und unentgeltlich zur Verfügung steht. Ein weiterer Nachteil ist die mangelnde Interoperabilität mit kommerzieller Software. Die Schuld ist dabei nicht zwangsweise bei OSS zu suchen, da viele Anbieter von CSS ihre Schnittstellen und Dateiformate nicht offenlegen. Die Probleme, die bei der Interaktion mit kommerzieller Software entstehen, können dazu führen, das OSS nicht zum Einsatz kommt. Ein weiterer Punkt, der dazu führen kann, dass OSS nicht zum Einsatz gelangt, ist der Mangel an Applikationen. Teilweise kann dies auch Effekte auf andere OSS haben. Auch dieser Nachteil ist nicht unbedingt auf OSS zurückzuführen, aber dennoch ausschlaggebend dafür, dass beispielsweise Microsoft häufig immer noch Linux vorgezogen wird. (vgl. Renner er al., 2005)

Vorteile	Nachteile
Individuelle Anpassbarkeit	Keine Gewährleistungsrechte
Quellcodes wiederverwendbar	Kein Support durch Entwickler
Höhere Sicherheit	Schulungsaufwand
Höhere Softwarequalität	Ungewisse Weiterentwicklung
Keine Lizenzkosten	Interoperabilitätsschwächen mit CSS
Offene Standards	
Unabhängigkeit	

Tabelle 1: Zusammenfassung der Vor- und Nachteile von OSS

3.4 Beispiele für erfolgreiche Open Source Software Projekte

Für viele bekannte und kommerzielle Softwareprogramme gibt es Pendants im OS-Bereich, die vielleicht noch nicht so bekannt sind, aber gute und vor allem kostenlose Alternativen zu den bekannten Programmen bieten. Im folgenden Bereich sollen drei dieser Pendants etwas näher betrachtet werden, um die genannten Vor- und Nachteile anhand von Beispielen zu veranschaulichen.

Eines der bekanntesten OS-Projekte ist das Betriebssystem Linux, welches als Alternative zum weltweit verbreitetesten Betriebssystem Microsoft von Linus Thorvald entwickelt wurde. Thorvald war der Meinung, dass es besser und sinnvoll sein kann, sein eigenes Betriebssystem zu entwickeln. Linux verfügt daher über einige Vorteile, die Microsoft so nicht bieten kann. Zum einen ist es die Möglichkeit der Wahl einer bestimmten Linux-Distribution, die eine individuelle Anpassung für Programmierer ermöglicht. Linux-Distributionen sind Softwarepakete, die aufeinander abgestimmt sind und die um den Linux-Kernel aufgebaut sind. Für Programmierer besteht also die Möglichkeit, eine persönliche Linux Version zu erstellen, was zu einer erhöhten Produktivität führen kann. (vgl. Hang und Hohensohn, 2003)

Neben der individuellen Anpassbarkeit punktet Linux auch durch die Offenlegung der Quellcodes und Schnittstellen. So können sich sowohl die Entwickler als auch die Nutzer selbst davon überzeugen, welche Vorgänge in ihrem Computer stattfinden. Durch die Offenlegung der Schnittstellen, lässt sich Linux auch an das Unternehmen meist besser anpassen als andere Betriebssysteme. Durch eine große, internationale Entwickler-gemeinde werden Fehler schnell bemerkt und können theoretisch direkt ausgemerzt werden. Außerdem entzieht man sich bei der Verwendung von Linux der Abhängigkeit von kommerziellen Anbietern. Allerdings hat Microsoft bei Office Programmen eine Art monopolistische Stellung und ein Großteil der Unternehmen verwendet die kommerzielle Variante. Der Umstieg auf die Office Programme des Linux Betriebssystem hat eine Schulung der Mitarbeiter zur Folge, was zu einer Einschränkung in der Produktivität führt, die sich die Unternehmen unter Umständen nicht leisten können. (vgl. Wieland, 2001)

Dennoch gibt es Unternehmen, die das Potential von Linux als Alternative zu Microsoft erkannt haben und sich dem OS-Betriebssytem widmen. So liefert der Hardware-Hersteller IBM seine Produkte auf Wunsch mit dem Linux Betriebssystem aus. Zu dem Geschäftsmodell zählt nicht nur die Distribution von Linux Betriebssystemen, sondern auch die dazugehörigen Dienstleistungen. Diese gehören nicht zum eigentlichen Linux Projekt, steigern aber die Attraktivität von Linux. (vgl. Hang und Hohensohn, 2003)

Ein weiteres Beispiel, das die Relevanz von OSS in der heutigen Zeit zeigt, ist der Web-Server Apache. Der Web-Server gehört zu den erfolgreichsten OS-Projekten und hat einen höheren Marktanteil als alle anderen Web-Server (siehe Abbildung 2). Die Entwickler, die „Apache Software Foundation" (ASF), sind der Überzeugung, dass man nur durch die Offenlegung der Quellcodes mit der Schnelllebigkeit des Internets mithalten könne. Durch den Erfolg und die weite Verbreitung im Internet ist eine Vielzahl von Programmierern an der Weiterentwicklung beteiligt. Durch die stabile Weiterentwicklung und Wartung können Sicherheit und die allgemeine Qualität auf einem sehr hohen Niveau gehalten werden, was die marktführende Position stützt. IBM hat der ASF und somit den Apache-Webservern im Juni 1998 ihre Unterstützung zugesichert. IBM liefert die Server im Rahmen ihrer eigenen Produkte aus, was für eine breite Akzeptanz von Apache-Webservern sorgte und somit auch ein Grund für deren Erfolg war. (vgl. Hang und Hohensohn, 2003)

Das dritte OS-Projekt ist GIMP. GIMP bietet eine kostenlose Alternative zum weit verbreiteten Photoshop und wird häufig als das freie Photoshop bezeichnet. Das Programm bietet dem Nutzer eine große Vielfalt und eine hohe Qualität. Zudem ist die Möglichkeit der individuellen Anpassung gegeben und es wird ständig weiterentwickelt, da es zu den meisten Linux-Distributionen gehört. Allerdings kann es unter Umständen zu Problemen bei der Interaktion mit der kommerziellen Variante von Microsoft kommen, weshalb die Verbreitung im Vergleich zu Photoshop und anderen OS-Projekten eher gering ausfällt. (vgl. Hang und Hohensohn, 2003)

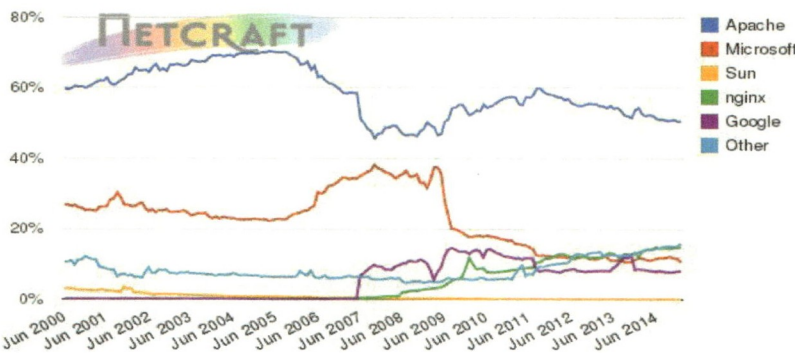

Web server developers: Market share of active sites

Abbildung 2: Marktanteil vom Apache-Webserver im Vergleich zur Konkurrenz

Quelle: https://news.netcraft.com/archives/2016/02/22/february-2016-web-server-survey.html

4. Open Source Software als öffentliches Gut?

Kommerzielle Software und OSS enthalten als entscheidenden Produktionsfaktor Wissen beziehungsweise codiertes Wissen. Die OSS oder der Code können durch die freie Verfügbarkeit im Internet als Kopie vielfach weitergegeben werden und gleichzeitig kommt es zu keinerlei Rivalität im Gebrauch. Durch die fehlende Konsumrivalität und Ausschließbarkeit erfüllt OSS die Voraussetzungen für ein öffentliches Gut. Durch die fehlende Ausschließbarkeit kommt es allerdings zu einem Trittbrettfahrerproblem, welches die Bereitstellung am Markt erschwert. (vgl. Pasche und von Engelhardt, 2004) Damit ist gemeint, dass die Anreize, selbst am Projekt mitzuwirken, mit steigender Anzahl an beteiligten Personen sinken und stattdessen die Hoffnungen, dass andere Entwickler das Projekt beenden und es kostenlos zur Verfügung stellen, steigen.

In seinem Modell zur privaten Bereitstellung von öffentlichen Gütern kommt Johnson (2002) zu dem Schluss, dass das Trittbrettfahrerproblem der Grund für das Scheitern einiger vielversprechender OS-Projekte ist. Allerdings kommt er auch zu dem Ergebnis, dass durch diese Problematik redundante Anstrengungen vermieden beziehungsweise eingeschränkt werden können.

Doch wie löst man dieses Anreizproblem, um Trittbrettfahrer zu verhindern? Entwickler und Programmierer haben theoretisch keinen Anreiz Software zu produzieren, solange sie keine Verfügungsrechte über die Software innehaben. Aus diesem Grund wird es als die staatliche beziehungsweise öffentliche Aufgabe angesehen, öffentliche Güter bereitzustellen. Als mögliche Lösung des Anreizproblems schlagen Pasche und von Engelhardt (2004) die Produktion von Gütern, in diesem Fall Software, im staatlichen Auftrag vor. Das Gut soll durch Steuern finanziert werden und zu den gegen null laufenden Grenzkosten angeboten werden. Der Vorteil hierbei ist natürlich, dass die Software und das damit verbundene Wissen trotzdem frei und kostenlos zur Verfügung gestellt werden. Dies führt zu einem Maximum an positiven Externalitäten beziehungsweise Spill-over-Effekten. Theoretisch könnte es zu einer privaten Bereitstellung des öffentlichen Gutes kommen, weshalb die Präferenzen und Zahlungsbereitschaften für OSS schwer zu erkennen sind. Aus diesem Grund ist das Wohlfahrtsoptimum der staatlichen Aktivität kaum beziehungsweise nur sehr schwer zu ermitteln ist.

Eine andere Möglichkeit, Anreize zur Produktion von Software zu schaffen, wäre Verfügungsrechte wieder einzuführen, also einen Ausschluss wieder möglich zu machen. Die Software verliert allerdings so die Eigenschaft des öffentlichen Gutes und wird zu einem „Club-Gut", kann aber über den Verkauf von Lizenzen über den Markt angeboten werden. (vgl. Kalwey, 2003, S.27) Diese Möglichkeit hat den Vorteil, dass das Produktionsniveau und die Zahlungsbereitschaften bekannt sind und über den Markt abgebildet werden. Die kostenlose und freie Verfügbarkeit findet hier allerdings keine Anwendung, weshalb es für OSS keine große Rolle spielt. (vgl. Quah, 2003, S.19 ff.)

Die Grundform der OSS erfüllt also die Voraussetzungen eines öffentliches Gutes, steht jedoch mit dem Trittbrettfahrerproblem vor einer großen Herausforderung. Ein möglicher Ansatz wird mit der staatlichen Finanzierung geliefert. Allerdings gibt es noch mehr Gründe sich an OS-Projekten zu beteiligen, welche Gegenstand des nächsten Kapitels werden.

5. Gründe für das Mitwirken an Open Source Projekten

Die Gründe und die Motivation für Entwickler und Firmen bei OS-Projekten mitzuwirken sind vielseitig. Aus rein ökonomischer Sicht ist die freiwillige und kostenfreie Bereitstellung von Software im ersten Moment jedoch nicht nachzuvollziehen, da sie der ökonomischen These eines nach einem maximalen Nutzen strebenden Individuums widerspricht. (vgl. Reiß, 2007)

Dieser Abschnitt soll den Motiven für die Erstellung und Nutzung von OSS auf den Grund gehen. Dabei werden die Gründe aus der Sicht des Entwicklers und aus der Sicht der Firmen dargestellt. Darüberhinaus soll die Frage beantwortet werden, ob das Engagement von kommerziellen Soft- und Hardwareunternehmen der OS-Bewegung Schaden zufügt.

5.1 Gründe für Entwickler

Die Entwicklung von OSS findet in einer Gemeinschaft von internationalen Softwareentwicklern statt, die die Arbeit an OS-Projekten freiwillig und meist ohne Entlohnung auf sich nehmen. Durch ihre Mitarbeit an solchen Projekten nehmen die Entwickler Opportunitätskosten in Kauf. Diese Opportunitätskosten können der Verzicht auf Freizeit oder andere Erwerbsmöglichkeiten sein. Auch die Vernachlässigung von eigentlichen Berufen fällt unter diese Opportunitätskosten. (vgl. Buxmann und Hess, 2015) Lerner und Tirole (2002) schreiben in ihrem Papier, dass rationale Individuen in der Regel eine finanzielle Entlohnung für ihre Arbeitszeit einfordern, um ihren eigenen Nutzen zu erhöhen. Opportunitätskosten stellen also Deckungsbeiträge einer nicht gewählten Handlungsalternative dar.

Vor diesem Hintergrund stellt sich die Frage, aus welchen Gründen Entwickler an OS-Projekten teilnehmen und die entstehenden Opportunitätskosten in Kauf nehmen?

Entwickler, die sich an OS-Projekten beteiligen, lassen sich laut Franck (2003) in zwei verschiedene Kategorien aufteilen: Die Rentensucher und die Spender. Die Rentensucher ziehen Vorteile in Betracht, die jenseits der klassischen finanziellen Entlohnung liegen. Sie versprechen sich von der Teilnahme und Mitarbeit an OS-Projekten bessere Chancen auf dem Arbeits- und Kapitalmarkt in Form einer gesteigerten Reputation. Außerdem hoffen teilnehmende Entwickler auf ein verbessertes Wissen in Bezug auf Software und Quellcodes sowie eine Erleichterung der alltäglichen Arbeit. Sobald der Nettonutzenbeitrag positiv ist, entscheidet sich der Entwickler für eine Fortführung seiner Arbeit am OS-Projekt. (vgl. Lerner und Tirole, 2002) Die Entwickler sind also auf der Suche nach einer Rente und können durch erfolgreiche Teilnahme an einem OS-Projekt Firmen ihre Fähigkeiten „signalisieren". Die genannten Absichten lassen sich auch in die Kategorie der extrinsischen Motiven einordnen. Extrinsische Motive sind Motive, die aus dem Umfeld des jeweiligen Individuums ausgehen beziehungsweise mit dem Umfeld interagieren. (vgl. Ryan und Deci, 2000)

Die Spender hingegen verfolgen eher intrinsische Motive. Diese Motive gehen allein vom Individuum aus. (vgl. Ryan und Deci, 2000)

Für Spender stehen die extrinsischen Motive nicht im Vordergrund. Für sie zählt, neben Spaß und Unterhaltung, die ihnen bei der Mitarbeit an einem OS-Projekt zu Teil werden, auch das Voranbringen der Open-Source-Idee. Die Informationsfreiheit ist ebenfalls ein wichtiges Argument für das Engagement im OS-Bereich, da der freie und kostenlose Zugang zu Software und im weiterem Sinne somit auch Wissen ein Leitgedanke der OS-Bewegung ist. Spender sind somit der Überzeugung, dass sie ihre Arbeit und ihre Zeit für eine gute Sache einsetzen. OS-Projekte, die unter die GPL fallen, sind für Spender interessant, da sie die Sicherheit haben, dass ihre Spende nicht kommerzialisiert wird. (vgl. Buxmann und Hess, 2015)

Selbstständige Entwickler investieren durch ihre freiwillige Leistung in OS-Projekten in ein stabiles und sich dynamisch entwickelndes Umfeld, auf dem Komplementärprodukte aufbauen können. Durch das Anbieten von Dienstleistungen oder die Vermarktung von Komplementärprodukten kann von ihnen später ein Einkommen erzielt werden. (vgl. Pasche und von Engelhardt, 2004)

5.2 Gründe für Unternehmen

Nicht nur für Entwickler ist es sinnvoll, OSS zu entwickeln. Auch für Unternehmen, die normalerweise kommerzielle Software herstellen, kann es Sinn ergeben, sich OS-Projekten zu widmen und einen Teil ihrer Ressourcen für die Arbeit an OS-Projekten zu opfern.

Doch welche Firmen und Unternehmen sollten sich daran beteiligen und in welcher Weise sollte diese Beteiligung ablaufen?

Fosfuri et al. (2008) schreiben in ihren Ausführungen, dass es für Unternehmen drei mögliche Verhaltensweisen gibt, mit denen sie auf die OSS Entwicklung reagieren können. Sie können versuchen, neben der OSS-Entwicklung zu arbeiten oder aber sich dagegen wehren. Der dritte und für diese Arbeit interessanteste Punkt, ist die Möglichkeit für Unternehmen, gewisse Projekte des OSS-Bereiches zu unterstützen.

Nach West und Gallagher (2006) gibt es für Unternehmen vier Möglichkeiten OSS und die Gemeinschaft hinter der Bewegung für ihre Zwecke einzusetzen und Profit zu generieren. Die erste Möglichkeit ist die Zusammenlegung von Forschung und Entwicklung (kurz: F&E) mit anderen Unternehmen. Um anfallende Kosten für F&E zu reduzieren, können Unternehmen ihr Wissen mit anderen Unternehmen teilen, um im Endeffekt das Ergebnis für eigene Produkte zu verwenden. Häufig kommt es dabei zur Gründung von gemeinsamen Projekten.

Ein erfolgreiches Beispiel für die Zusammenlegung von F&E ist das Mozilla Webbrowser Projekt, welches 1998 von Netscape in Folge von Wettbewerbsdruck gegründet wurde. Die Gruppe um das Mozilla Projekt, die regelmäßig neue Releases mit den besten Änderungen veröffentlichen und über ein Version-Kontrollsystem Zugang zum Quellcode gewähren, war zunächst eine interne Gruppe innerhalb des Netscape Unternehmens. (vgl. Hang und Hohensohn, 2003) Im Jahre 2003 hat Netscape ihr Engagement für das Projekt eingestellt und die Verantwortung an die OS-Gemeinschaft übergeben. Unternehmen wie beispielsweise IBM oder HP benötigten jedoch einen auf UNIX basierenden Webbrowser, der dabei helfen sollte, ihre Produkte besser zu verkaufen. Hierzu stellten Unternehmen Entwickler bereit, die gemeinsam an diesem Webbrowser arbeiten sollten. Ziel war es, den Browser so zu gestalten, dass er auf den jeweiligen Produkten der Hersteller funktioniert. Die Unternehmen können durch die Offenlegung und der gleichzeitigen Zusammenarbeit Zugang zu Wissen erlangen und dieses Wissen innerhalb ihrer Produkte verkaufen. (vgl. West und Gallagher, 2006)

Die zweite Möglichkeit, die West und Gallagher (2006) aufzeigen, ist das Ausgliedern der F&E Abteilung. Unter Umständen können Innovationen innerhalb eines Unternehmens nur sehr schwer zu Stande kommen, da die Ressourcen begrenzt sind. Das Unternehmen hat die Möglichkeit, ihre Quellcodes oder Teile davon zu veröffentlichen und der Öffentlichkeit zugänglich zu machen. Häufig kommt es dazu, dass leitende Entwickler aus den Unternehmen kommen, die die Auslagerung durchführen. Das Ziel der Unternehmen ist hierbei die Chance, dass ihre Technologie als Standard angesehen wird und man die Produkte nicht an konkurrierende Standards anpassen muss. Bei der Entwicklung ist eine Neuentwicklung von Softwarestandards zeitaufwendig und kostspielig. Ein weiterer Grund ist die Einbeziehung von Wissen, das innerhalb des Unternehmens in dem Ausmaß nicht vorhanden ist, da eine Menge an Softwareentwicklern Zugriff auf den Quellcode bekommen und daran mitwirken können. Zusätzlich kann es zu einem Zuwachs im

Verkauf von Komplementärprodukten kommen. Bei guter Zusammenarbeit und einem guten Produkt wird dieser Zuwachs im Verkauf noch verstärkt.

Bei den anderen beiden Möglichkeiten, die von West und Gallagher (2006) beschrieben werden, handelt es sich um Möglichkeiten, bei denen eher das Kernprodukt im Zentrum steht. Zum einen kann die OSS das Kernprodukt bilden und die Unternehmen bauen ihr Geschäftsmodell darum auf. Als Beispiele sind hier der Safari Webbrowser und die OS X Strategie von Apple zu nennen. Bei beiden Produkten von Apple wird die Basis der Produkte von der OS-Gemeinschaft gelegt. Safari basiert auf Bibliotheken eines OS-Webbrowsers. (vgl. Searls, 2003) Für ihre Strategie der OS X Modelle wurde ein neues OS-Projekt namens Darwin gegründet, über welches alle Modifizierungen veröffentlicht wurden. (vgl. West, 2003; Hawkins, 2004) Apple hat die Änderungen und die entwickelten Codes, die aus dem OS-Bereich stammen, ihrer Produkte veröffentlicht und gleichzeitig den kommerziell entwickelten Code für Browser und OS X unter Verschluss gehalten. (vgl. Brockmeier, 2003) Die Lizenzbestimmungen von Apple bezüglich OS sind im Lizenzvertrag (siehe Auszug im Anhang) einzusehen.

Zum anderen kann das Unternehmen das Kernprodukt selbst als Plattform zur Verfügung stellen und den Entwicklern Möglichkeiten geben, ihre eigenen Versionen zu programmieren und zu veröffentlichen. Ein noch recht aktuelles Beispiel liefert das PC-Spiel und Spiel-Engine „Half-Life" von Sierra. Sierra hat hierzu Informationen und Werkzeuge online gestellt, damit Entwickler mit Hilfe dieser Werkzeuge und den zur Verfügung gestellten Informationen ihre eigenen Modifikationen des Spiels entwerfen und online stellen können. Diese Modifikationen tragen nicht wirklich zum Profit des Unternehmens bei, helfen allerdings, die Nachfrage nach dem Spiel oder dem Produkt zu steigern. Außerdem bleibt das Produkt durch die Nachfragesteigerung weiterhin im Gedächtnis der Nutzer und verschafft den Entwicklern Zeit, um eventuelle Nachfolger zu entwickeln. (vgl. West und Gallagher, 2006)

Es gibt also auch für kommerzielle Soft- und Hardwareentwickler Möglichkeiten, OS und insbesondere OSS für ihre Absichten zu benutzen. Doch für welche Unternehmen eignet es sich besser als für andere? Fosfuri et al. (2008) haben mit ihrer Arbeit herausgefunden, dass Unternehmen, die viele Softwarepatente besitzen, auch mehr OSS-Projekte unterstützen. Das Unternehmen kann den Kern der Software über eine OS-Lizenz veröffentlichen und die Ressourcen der OS-Gemeinschaft benutzen. Dabei können sie das Produkt so aufbauen, dass zusätzlich Softwareteile benötigt werden, um eine vollständige Funktion des Produktes zu gewährleisten. Ein weiterer Grund, weshalb gerade Unternehmen mit vielen Softwarepatenten im OS-Bereich aktiv sind, ist, dass sie mit der Menge an Softwarepatenten eine gewisse Kontrolle über OS-Projekte ausüben können, indem sie mit ihren Patenten eine Art Zaun um die zu entwickelnde Software bilden. Hierdurch werden Kosten gespart, da nur ein kleiner Teil des Codes veröffentlicht werden muss. Gleichzeitig kann große Kontrolle Entwickler von OSS abschrecken, da manch ein Entwickler den Leitgedanken von OSS gefährdet beziehungsweise angegriffen sieht.

Weiterhin haben Fosfuri et al. (2008) herausgefunden, dass Unternehmen mit einem großen Repertoire an Hardware-Trademarks mehr von OSS profitieren als Unternehmen mit nur wenigen. Diese Unternehmen punkten mit einem Engagement in OSS, da es für sie günstiger ist, die Hilfe von Entwicklern aus dem OS-Bereich in Anspruch zu nehmen als selbst Software zu entwickeln. So können sie in einem Bereich sparen und sich verbessern, in dem sie normalerweise keinen Vorteil gegenüber anderen Herstellern haben.

Lerner und Tirole (2000) haben sich in ihrer Arbeit der Frage gewidmet, ob die Aktivität von Unternehmen der Entwicklung von OSS schadet. Hierzu nennen sie zwei Gründe, wie sich die Aktivitäten der Unternehmen auf den OS-Bereich auswirken beziehungsweise auswirken können. Grund eins ist die Möglichkeit, dass das freie OSS-Projekt von einem Entwickler, der bereits ein wertvolles Modul entwickelt hat, „entwendet" wird und dieser die Schnittstellen gegen Bezahlung freigibt, so dass weiter daran gearbeitet werden kann. Ähnlich wie Unternehmen stellt dieser Entwickler eine Plattform zur Verfügung, allerdings um daraus persönlichen Profit zu schlagen. Der zweite Grund ist die Veränderung der Anreize bei Entwicklern. Die Anreize, die ein Entwickler hat, Beiträge für OSS zu leisten werden durch finanzielle Ausgleiche ersetzt. Es kann dazu kommen, dass sehr gute Entwickler aus dem OS-Bereich ihre Fähigkeiten und die Möglichkeit, damit Geld zu verdienen, nutzen und anfangen, für Unternehmen zu arbeiten. Die OS-Gemeinschaft verliert nicht nur gute Entwickler, sondern auch Attraktivität, da es im Endeffekt doch nur um den kommerziellen Aspekt geht.

6. Bereitstellung von Software

Nachdem die Gründe für die Beteiligung an OSS erklärt wurden, stellt sich nun die Frage, wie genau die Bereitstellung von Software funktioniert. Hierzu gibt es zwei Möglichkeiten für Entwickler und Unternehmen. Einerseits kann die Software als Club-Gut über Märkte vertrieben werden und andererseits ist es möglich, die Software als OSS über die OS-Gemeinschaft bereitzustellen. In diesem Abschnitt sollen beide Möglichkeiten näher betrachtet und im nachfolgenden Kapitel verglichen werden.

6.1 Bereitstellung durch Märkte

Damit Unternehmen ihre Softwareprodukte über den Markt bereitstellen können, müssen im Vorfeld die Verfügungsrechte definiert sein. Es findet also ein Ausschluss statt, was dazu führt, dass es sich bei diesen Softwareprodukten nicht mehr um OSS handelt. Die Software wird durch die Festlegung von Verfügungsrechten von einem Öffentlichen Gut zu einem Club-Gut. Um sicherzustellen, dass es zu einem Ausschluss von der Nutzung des Quellcodes kommt, werden zwei Schritte durchgeführt. Zuerst wird der Quellcode bei der Kompilierung geschützt und das Verfügungsrecht so gewahrt. Der Nutzer kauft nur das fertige Softwareprodukt, also den binären Code, der nur von Maschinen lesbar ist. Der Nutzer hat keine Möglichkeit, auf den Quellcode, der zu der Software führt, zuzugreifen. Auch wenn man den binären Code kennt, kann man keine Rückschlüsse auf zum Beispiel die Strukturierung der Software machen. (vgl. Kalwey, 2003, S. 17f) Allerdings wird auch der binäre Code von den Unternehmen effektiv geschützt und mit Verfügungsrechten ausgestattet. Der Nutzer erhält das Recht zur Nutzung meist nur durch den Kauf einer Lizenz. Das Ausschlussprinzip und die Definition von Verfügungsrechten findet hier in Form von Kopierschutz Anwendung. (vgl. Kotkamp, 2001, S.53)

Bei einem kommerziellen Softwareunternehmen erfolgt die Produktion von kommerzieller Software nach einer Prinzipal-Agent-Struktur. Das heißt, dass die Unternehmensführung (Prinzipal) Vorgaben gibt, die von den Entwicklern (Agenten) einzuhalten sind. Dabei kommt es zu einer Informationsasymmetrie, da der Prinzipal die Arbeit der Agenten nur bedingt beobachten und beurteilen kann. Daher ist davon auszugehen, dass die Verträge des Entwicklungsteams so gestaltet sind, dass Anreize für die Softwareentwicklung nach den Vorgaben des Prinzipals gegeben sind. Zusätzlich bleibt der Prinzipal in Besitz der Verfügungsrechte der produzierten Software, da der Entwicklungsbeitrag eines Einzelnen schwer zu dokumentieren ist. (vgl. Pasche und von Engelhardt, 2004)

Der Produktionsprozess ist also ein marktorientierter Vorgang, bei dem die Vorgaben und Ressourcen durch den Prinzipal bestimmt werden. Die Übertragung von Wissen ist auch nur auf die Gruppe von Entwicklern, die an der Produktion mitwirken, beschränkt. Deshalb trägt diese Art der Produktion von Software nicht zu einem öffentlichen Wissenskapitalstock bei. Über die Effizienz während der Produktion lässt sich auf Grund der Informationsasymmetrie zwischen Prinzipal und Agenten letztlich keine endgültige Aussage treffen. Weiterhin ist die Effizienz nach der Produktion sehr gering, was an hohen Lizenzkosten und den Netzwerkeffekten (Lock-in-Effekt) liegt, die von den Unternehmen nicht abgebaut werden. Stattdessen streben die Unternehmen eher danach, diese zu erhöhen. (vgl. Pasche und von Engelhardt, 2004)

6.2 Bereitstellung durch die Open Source Gemeinschaft

Im Vergleich zu dem Vertrieb von kommerziellen Softwareunternehmen über den Markt, soll bei der Bereitstellung durch die OS-Gemeinschaft kein Ausschlussprinzip stattfinden. Die öffentliche und freie Verfügbarkeit soll gewährleistet werden. OSS wird unter den Kriterien der OSI veröffentlicht und bereitgestellt. Die Nutzung, Weitergabe und Veränderungen am Code sind erlaubt, sodass Dritte einen Nutzen aus der Software ziehen können. (vgl. Pasche und von Engelhardt)

Die Frage, warum Entwickler einen Beitrag zu OSS leisten und ihre Leistungen frei zur Verfügung stellen, wurde bereits in Kapitel 5 beschrieben. Allerdings sind die Strukturen der Produktion wichtig für die Bereitstellung über die OS-Gemeinschaft.

Hier gibt es keine Institution, welche die Rechte der Software durchsetzt. Der einzelne Entwickler steht also nicht vor der Wahl, ob er Eigentumsrechte für die Software geltend macht. Im kommerziellen Fall würde er beim Leisten eines Beitrages seine Rechte an den Prinzipal abtreten. Im Fall der Bereitstellung innerhalb der OS-Gemeinschaft wird der Anspruch über die Lizenz abgetreten. Die Messbarkeit der individuellen Leistungen eines Entwicklers ist also sehr schwierig, denn ähnlich wie bei der kommerziellen Produktion, findet der Produktionsprozess arbeitsteilig statt. Im Gegensatz zu der kommerziellen Struktur ist die Struktur bei der OS-Gemeinschaft eher dezentral aufgebaut und wird nicht von einem Prinzipal vorgegeben. (vgl. Pasche und von Engelhardt, 2004)

Die Kommunikation zwischen den Entwicklern findet vorwiegend über das Internet statt, weshalb die räumliche Entfernung so gut wie keine Rolle spielt, ebenso wenig wie die Persönlichkeit des Entwicklers. (vgl. Pasche und von Engelhardt, 2004)

Auch wenn es keine Institution vergleichbar mit dem Prinzipal gibt, so gibt es auch in einem OS-Projekt eine klare und transparente Verteilung der Verantwortung. So sollen Qualität, Konsistenz und die Fehlerfreiheit der Codes sichergestellt werden, woraus im Endeffekt die Software entsteht. Das Fehlen eines Prinzipals birgt allerdings die Gefahr, dass Projekte nicht zu Ende gebracht werden und die Kontinuität der Weiterentwicklung nicht abschließend geklärt werden können. Außerdem wird der OS-Gemeinschaft eine fehlende Effizienz und Leistungsfähigkeit vorgeworfen, die sich aus dem dezentralen Produktionsprozess ergeben. (vgl. Pasche und von Engelhardt, 2004) Allerdings ist über den gesamten Produktionsprozess der Code einsehbar und erst so wird es möglich, eine so große Vielfalt an Humankapital für das Projekt zu mobilisieren. (vgl. Gehring, 2004) Die daraus resultierenden Vorteile sind Grund genug, einen kleinen Preis zu bezahlen und der OS-Bewegung weiterhin Aufmerksamkeit zu schenken. (vgl. Pasche und von Engelhardt, 2004)

7. Vergleich von Open- und Closed Source Software in Hinblick auf Effizienzpunkte und Wechselwirkung

Bei der volkswirtschaftlichen Betrachtung von Effizienz und den Wechselwirkungen der beiden Produktionsarten spielen die Eigenschaften von Software eine wichtige Rolle. Da es zunächst zu keinem Ausschluss im Konsum des Gutes „Software" kommt und die Grenzkosten nahezu Null betragen, kommt es zu einem Anreizproblem bei der Produktion von Software. Kommerzielle Unternehmen lösen das Problem mit hohen Lizenzkosten. Der gewinnmaximale Lizenzpreis soll garantieren, dass die Entwicklungskosten über den Produktionsprozess hinaus gedeckt werden. Das Anreizproblem kann auf diese Weise behoben werden, allerdings wird eine verringerte Konsumentenrente in Kauf genommen. OSS wird allerdings frei zur Verfügung gestellt, was der Bedingung einer „first-best" Allokation entspricht. Anreize, die Entwickler dazu bringt, OSS frei zur Verfügung zu stellen, wurden bereits beschrieben. Anfallende Entwicklungskosten können im OS-Bereich nicht über den Marktpreis gedeckt werden. Unter statischen Effizienz-gesichtspunken ist die Bereitstellung zu Grenzkosten von nahezu null ein großer Vorteil. Dazu kommt, dass OSS zu einem öffentlichen Wissenstock beiträgt, der mit positiven externen Effekten verbunden ist. (vgl. Pasche und von Engelhardt, 2004)

Pasche und von Engelhardt (2004) schreiben, dass, mit Blick auf die dynamische Effizienz, vor allem Anpassungen an Kundenwünsche und Innovationen entscheidend sind. Kommerzielle Softwareunternehmen haben Innovationsanreize, die einerseits einen Wett-bewerbsvorteil gegenüber Konkurrenten sichern und andererseits als Markteintrittsbarriere dienen. Bei der Entwicklung von OSS sind die Innovationsanreize bereits dadurch gegeben, dass Entwickler ihre Probleme selbst lösen können. Allerdings besteht hier die Gefahr von Parallelentwicklungen und das Risiko gänzlich neue Probleme anzugehen, bei denen die Entwicklung ungewiss ist. (vgl. Kogut und Metiu, 2001)

Durch die Definition von Verfügungsrechten bei kommerziellen Softwareunternehmen wird zwar das Trittbrettfahrerproblem gelöst, allerdings kommt es zum Ausschluss vom Konsum. Die Software wird also zu einem Club-Gut. Durch den Ausschluss kann es nicht zu einem positiven Wissens-spill-over kommen. Entwickler und Nutzer werden von dem im Code enthaltenen Wissen ausgeschlossen und können so nicht von anderen Entwicklern lernen, Fehler finden und verbessern sowie keine Programmteile für ähnliche Produkte verwenden. (vgl. Pasche und von Engelhardt, 2004)

Barro und Sali-i Martin (1995) schreiben in ihrer Arbeit, dass die Verbreitung von Wissen für den technischen Fortschritt sehr wichtig ist. Ökonomische Aktivitäten, die zu positiven Externalitäten führen, sind außerdem positiv für das Wachstum. Auch wenn Teile von kommerzieller Software öffentlich zugänglich sind und das Design zum Beispiel Informationen über Präferenzen der Nutzer enthält, so ist das frei verfügbare Wissen bei OSS wesentlich umfangreicher. Die Entwicklung innerhalb der OS-Gemeinschaft beruht im Prinzip auf der Ausnutzung von dem entstehenden Wissenstransfer und den daraus resultierenden Spill-over-Effekten. (vgl. Pasche und von Engelhardt, 2004)

Doch auch in der OS-Gemeinschaft kommt es zu kleineren Einschränkungen in der freien Verfügbarkeit durch die Wahl verschiedener Lizenzen. Als Beispiel soll hier die bekannteste Lizenz, die GPL, dienen. Die GPL verbietet es, die OSS im kommerziellen Rahmen zu nutzen. Das angesammelte Wissen aus der OS-Gemeinschaft soll geschützt und das Trittbrettfahren von kommerziellen Anbietern soll verhindert werden. Einerseits werden hier die Spill-over leicht eingeschränkt, andererseits wird ein Nachteil gegenüber CSS auf diese Weise verhindert. Kommerzielle Softwareunternehmen können nur von den allgemeinen Teilen der OSS profitieren. Der verwendete Code der OSS darf hierbei nicht übernommen werden. (vgl. Pasche und von Engelhardt, 2004)

Der OS-Bewegung wird vorgeworfen, dass sie das Humankapital ineffizient verwenden würde und es so zu Fehlallokationen kommt. (vgl. Kalwey, 2003, S. 70ff.) Dabei wird den kommerziellen Softwareunternehmen Humankapital dadurch entzogen, dass Entwickler zu OSS und nicht zur Wertschöpfung beitragen. Das Problem hierbei ist, dass, im Falle der kommerziellen Software, die Wertschöpfung durch die Lizenzumsätze wiedergespiegelt wird. Da es bei OSS allerdings zu keinen Transaktionen über einen Markt kommt, weist die Statistik auch keine Wertschöpfung auf und es kommt zu einer Unterschätzung von OSS, obwohl die Software qualitativ sehr hochwertig sein kann. Das beschriebene Problem ist aber kein Nachteil von OSS, sondern ein Problem der Statistik, die die Wertschöpfungswirkung von OSS nicht richtig darstellen kann. (vgl. Pasche und von Engelhardt, 2004) Weiterhin stellt sich die Frage, ob man Ineffizienz aus dem Entzug von Humankapital aus dem kommerziellen Bereich ableiten kann. Formuliert man das Argument anders, dann stellt sich die Frage, ob das Humankapital, dass im OSS-Bereich eingesetzt wird, zu hohe Opportunitätskosten verursacht. Pasche und von Engelhardt (2004) argumentieren damit, dass die OS-Gemeinschaft selbst Humankapital erzeugt und dass die Entwickler nicht vor die endgültige Wahl gestellt werden, ob sie für OSS oder

CSS entwickeln sollen. Unter Berücksichtigung dieser Argumente ist auch die Überlegung über die Opportunitätskosten nicht notwendig.

Für Entwickler besteht die Möglichkeit in ihrer Freizeit Humankapital aufzubauen. Dieses Humankapital wird dem kommerziellen Sektor nicht entzogen. Die Opportunitätskostenfrage stellt sich hier nur zwischen der Arbeit an OSS oder anderer Freizeitgestaltung. Das in der Freizeit aufgebaute Humankapital entzieht also keine Ressourcen, sondern vergrößert sogar das Produktionspotential. Das einzige Szenario, bei dem Humankapital entzogen wird, ist die Situation in der sich der Entwickler gegen die Arbeit im Unternehmen entscheidet und sich stattdessen einem OSS-Projekt widmet. (vgl. Pasche und von Engelhardt, 2004)

OSS und die OS-Gemeinschaft tragen durch mehrere Möglichkeiten zu einer Effizienzsteigerung auf dem kommerziellen Softwaremarkt bei. OSS kann sich an Konzepten und Projekten des kommerziellen Bereiches orientieren und Substitute entwickeln und so den kommerziellen Softwareunternehmen Marktanteile wegnehmen. Starke Abhängigkeiten von Anbietern werden auf diese Weise verringert. Des Weiteren werden von der OS-Gemeinschaft Konzepte und Standards entwickelt, die so innovativ sind, dass sich kommerzielle Unternehmen daran orientieren müssen, um wettbewerbsfähig zu bleiben. Durch einschränkende Lizenzen (GPL) können OSS-Codes nicht direkt übernommen werden. Ein weiterer Punkt ist die Tatsache, dass OSS im Bereich Sicherheit Vorsprünge aufweist, da im Prinzip jeder Entwickler durch den offenen Quellcode Fehler und Sicherheitslücken entdecken und beheben kann. Kommerzielle Anbieter versuchen das Verfahren immer mehr zu imitieren. Auch die Ausgaben für Softwaresicherheit sind auf den Vorsprung der OSS zurück zuführen. (vgl. Pasche und von Engelhardt, 2004)

Offene Standards und der Fakt, dass es im Bereich der OSS um Komplementärgüter geht und nicht um einzelne Produkte, führt zu einer großen Vielfalt an Produkten und individuellen Gestaltungsmöglichkeiten für den Nutzer. Die offenen Standards führen ebenfalls dazu, dass die Wechselkosten für Nutzer sehr gering ausfallen. (vgl. Pasche und von Engelhardt, 2004) Im Gegenteil dazu stehen die kommerziellen Softwareunternehmen, die meist darauf abzielen die Wechselkosten zu anderen Softwareprodukten möglichst hochzuhalten, um ihre Marktmacht zu garantieren.

Abschließend stellt sich die Frage, ob die GPL eine rationale Lösung darstellt. Die General Public License ist eine eher restriktive Lizenz der OS-Gemeinschaft, die die Weitergabe und Nutzung von Quellcodes erlaubt, die Nutzung innerhalb kommerzieller Software aber untersagt. Sie ist die am weitesten verbreitete Lizenz und wurde von Richard Stallmann als Basis für sein GNU Projekt entworfen. (vgl. Renner et al., 2005)

Arnold Polanski (2007) widmet sich in seiner Arbeit, der oben genannten Frage. Dazu versucht er mit einem sequentiellen Spiel herauszufinden, ob die Bereitstellung unter der GPL oder einer kommerziellen Lizenz am besten ist. Der Start-„Spieler" entscheidet sich im Vorfeld entweder für ein OS- oder CS-Projekt. Die Entwickler stehen danach vor der Entscheidung, ob sie in die Entwicklung investieren wollen oder nicht. Polanski kommt zu dem Ergebnis, dass die GPL die bessere und robustere Wahl ist, sobald hohe Skalenerträge nachzuweisen sind und das OS-Projekt modular aufgebaut ist. Polanski erklärt aber auch, dass seine Arbeit noch ausgeweitet werden kann, um genauere Schlussfolgerungen zu treffen.

8. Fazit und Ausblick

Wie diese Arbeit zeigt, bietet OSS, durch die freie Verfügbarkeit der Codes viele Vorteile für Entwickler und Nutzer. Die Abhängigkeit von kommerziellen Softwareunternehmen kann unterbrochen werden, die Software lässt sich individuell gestalten und trotzdem ist die Qualität der Software sehr hoch. OSS benutzt dazu das Wissen von einer großen Menge an Entwicklern und führt so zu einem großen Wissenstransfer und allgemeinen Wissenskapitalstock.

Erfolgreiche OS-Projekte wie Linux oder Apache zeigen zudem das große Potential, welches in der Gemeinschaft steckt. Somit ist es kein Wunder, dass immer mehr Unternehmen die Möglichkeit nutzen und in OSS investieren, um daraus Profit zu schlagen. Unternehmen veröffentlichen beispielsweise selbst Teile ihrer Codes, um das Wissen der OS-Gemeinschaft für Problemlösungen innerhalb ihrer Produkte zu verwenden. Andere Unternehmen bieten Dienstleistungen für OSS als Geschäftsmodell an. OSS kann Unternehmen dabei helfen, kurz- und langfristig Kosten einzusparen und trägt auch erfolgreich dazu bei die Effizienz zu steigern.

Allerdings steht OSS auch vor der Herausforderung einiger Nachteile und Probleme, die es zu lösen gilt. Allen voran ist das Trittbrettfahrerproblem, das der Grund für das Scheitern von einigen OS-Projekten darstellt. Pasche und von Engelhardt (2004) sehen die staatliche Finanzierung als mögliche Lösung für das Anreiz-, und somit auch das Trittbrettfahrerproblems an. Auch in der Interoperabilität mit CSS und kommerziellen Softwareunternehmen ist noch Entwicklungsbedarf. Jedoch gibt es auch Entwicklungsbedarf bei den Unternehmen, die Profit aus einem besseren Zusammenspiel von OSS und CSS ziehen könnten.

Mit dem Lösen der Probleme und durch den richtigen Umgang ist OSS also eine gute Alternative zu kommerziellen Softwareprodukten. Unternehmen lernen immer mehr über OSS und deren Potential, was zu größer werdenden Aktivitäten von kommerziellen Unternehmen im OS-Bereich führt.

Die Forschung steht im Bereich der OS und OSS noch vor vielen ungelösten Fragen. Die Beitragsmessung von Entwicklern ist nicht nur in Unternehmen schwer messbar, sondern auch bei OS-Projekten, gerade wenn Entwickler nur kleine Beiträge leisten oder lediglich ein Fehler entdeckt wird, ohne eine Lösung zu geben. Auch die Frage von Lerner und Tirole (2000), ob die Aktivitäten von kommerziellen Unternehmen der OS-Gemeinschaft und deren Entwicklung schadet, konnte bisher nicht endgültig geklärt werden. Auch die

Frage nach der Effizienz beziehungsweise Ineffizienz von OS-Projekten ist nicht abschließend geklärt und bedarf noch weiterer Forschung. Argumente sind für beide Seiten vorhanden. Auf der einen Seite seien OS-Projekte ineffizient, weil sie nicht durch einen Markt gesteuert werden und es durch fehlende Führungsstrukturen zu Koordinationsproblemen kommen kann. Allerdings sprechen die bereits erwähnten, erfolgreichen Projekte dagegen. Unter bestimmten Voraussetzungen ist die GPL sogar die bessere Wahl, verglichen mit einer kommerziellen Lizenz. Pasche und von Engelhardt (2004) sind der Meinung, dass eine Mischung aus kommerzieller und OSS volkswirtschaftlich gesehen am besten wäre.

Dass das Potential von OSS noch nicht erschöpft ist, wird in den Anwendungsbereichen deutlich. Im Serverbereich ist die OSS mit dem Apache Webserver qualitativ gut, wenn nicht sogar besser als die kommerziellen Pendants. (Pasche und von Engelhardt, 2004)

In anderen Bereichen ist die Verwendung noch nicht so weit verbreitet. Hier kann OSS eine Alternative beziehungsweise eine Konkurrenz zu den etablierten Softwareprodukten von kommerziellen Unternehmen sein.

Anhang

Auszug aus dem Lizenzvertrag für OS X El Capitan Version 10.11 :

2. Nutzung und Beschränkungen

L. Open Source. Bestimmte Komponenten der Apple Software sowie Open-Source-Programme von Drittanbietern, die zum Lieferumfang der Apple Software gehören, wurden oder werden von Apple auf seiner Open-Source-Website (http://www.opensource.apple.com/) (gemeinsam als „Open-Source-Komponenten" bezeichnet) bereitgestellt. Sie sind berechtigt, nur diese Open-Source-Komponenten zu ändern oder zu ersetzen, vorausgesetzt, dass (i) die resultierende modifizierte Apple Software anstelle der nicht modifizierten Apple Software auf Apple Computern verwendet wird, deren Eigentümer Sie sind oder die Ihrer Kontrolle unterliegen, vorausgesetzt, auf jedem dieser Apple Computer befindet sich eine ordnungsgemäß lizenzierte Kopie der Apple Software, und (ii) Sie die Bestimmungen dieser Lizenz sowie jegliche für die Verwendung der Open-Source-Komponenten geltenden Lizenzbestimmungen erfüllen. Es besteht keine Verpflichtung seitens Apple, Aktualisierungsarbeiten, Wartungsarbeiten und technische oder sonstige Unterstützung oder Dienste für die resultierende modifizierte Apple Software zu leisten. Sie erklären sich ausdrücklich damit einverstanden, dass im Falle eines aus der Änderung der Open-Source-Komponenten der Apple Software resultierenden Ausfalls oder Schadens der Apple Hardware dieser Ausfall oder Schaden von den Bestimmungen der Apple Hardwaregarantie ausgeschlossen wird.

14. Anerkennung der Rechte Dritter

B. Bei bestimmten Bibliotheken und anderen Softwareprogrammen von Drittanbietern, die zum Lieferumfang der Apple Software gehören, handelt es sich um kostenlose Software, die im Rahmen der Bestimmungen der GNU Library General Public License Version 2 (GPL) oder der GNU Library/Lesser General Public License (LGPL) lizenziert wird. Sie können eine vollständige maschinenlesbare Kopie des Quellcodes dieser kostenlosen Software nach Maßgabe der GPL oder LGPL auf schriftliche Bestellung bei Apple unter opensource@apple.com ohne Berechnung, aber gegen Erstattung der Kosten für Datenträger, Versand und Verwaltungsaufwand, erhalten. Die GPL/LGPL Software wird in der Hoffnung verteilt, dass sie hilfreich sein möge, aber OHNE JEGLICHE GEWÄHRLEISTUNG, auch ohne die Gewährleistung der MARKTFÄHIGKEIT oder EIGNUNG FÜR EINEN BESTIMMTEN ZWECK. Eine Kopie des GPL- und LGPL-Vertrages für öffentliche Lizenzen ist im Lieferumfang der Apple Software enthalten.

Quelle: http://images.apple.com/legal/sla/docs/OSX1011.pdf

Halloween Document I (Version 1.14)

*note: some links have died, but have been left so for historical reasons.

Open Source Software:
A (New?) Development Methodology

{ The body of the Halloween Document is an internal strategy memorandum on Microsoft's possible responses to the Linux/Open Source phenomenon.

(This annotated version has been renamed ``Halloween I''; there's a sequel, ``Halloween II'', which marks up a second memo more specifically addressing Linux.)

Microsoft has publicly acknowledged that this memorandum is authentic, but dismissed it as a mere engineering study that does not define Microsoft policy.

However, the list of collaborators mentioned at the end includes some people who are known to be key players at Microsoft, and the document reads as though the research effort had the cooperation of top management; it may even have been commissioned as a policy white paper for Bill Gates's attention (the author seems to have expected that Gates would read it).

Either way, it provides us with a very valuable look past Microsoft's dismissive marketing spin about Open Source at what the company is actually thinking -- which, as you'll see, is an odd combination of astuteness and institutional myopia.

Despite some speculation that this was an intentional leak, this seems quite unlikely. The document is too damning; portions could be considered evidence of anti-competitive practices for the DOJ lawsuit. Also, the author ``refused to confirm or deny'' when initially contacted, suggesting that Microsoft didn't have its story worked out in advance.

Since the author quoted my analyses of open-source community dynamics (The Cathedral and the Bazaar and Homesteading the Noosphere) extensively, it seems fair that I should respond on behalf of the community. :-)

Key Quotes:

Here are some notable quotes from the document, with hotlinks to where they are embedded. It's helpful to know that ``OSS'' is the author's abbreviation for ``Open Source Software''. FUD, a characteristic Microsoft tactic, is explained here.

> * OSS poses a direct, short-term revenue and platform threat to Microsoft, particularly in server space. Additionally, the intrinsic parallelism and free idea exchange in OSS has benefits that are not replicable with our current licensing model and therefore present a long term developer mindshare threat.

> * Recent case studies (the Internet) provide very dramatic evidence ... that commercial quality can be achieved / exceeded by OSS projects.

> * ...to understand how to compete against OSS, we must target a process rather than a company.

> * OSS is long-term credible ... FUD tactics can not be used to combat it.

> * Linux and other OSS advocates are making a progressively more credible argument that OSS software is at least as robust -- if not more -- than commercial alternatives. The Internet provides an ideal, high-visibility showcase for the OSS world.

> * Linux has been deployed in mission critical, commercial environments with an excellent pool of public testimonials. ... Linux outperforms many other UNIXes ... Linux is on track to eventually own the x86 UNIX market ...

> * Linux can win as long as services / protocols are commodities.

> * OSS projects have been able to gain a foothold in many server applications because of the wide utility of highly commoditized, simple protocols. By extending these protocols and developing new protocols, we can deny OSS projects entry into the market.

> * The ability of the OSS process to collect and harness the collective IQ of thousands of individuals across the Internet is simply amazing. More importantly, OSS evangelization scales with the size of the Internet much faster than our own evangelization efforts appear to scale.

How To Read This Document:

Comments in green, surrounded by curly brackets, are me (Eric S. Raymond). I have highlighted what I believe to be key points in the original text by turning them red. I have inserted comments near these key points; you can skim

Quelle: https://www.gnu.org/software/fsfe/projects/ms-vs-eu/halloween1.html ; letzter Zugriff am 21.12.16

(/)

Open Source Initiative (/)

ABOUT ⌄   LICENSES & STANDARDS ⌄   MEMBERSHIP ⌄   COMMUNITY ⌄   RESOURCES ⌄   NEWS & EVENTS ⌄

The Open Source Definition

Introduction

Open source doesn't just mean access to the source code. The distribution terms of open-source software must comply with the following criteria:

1. Free Redistribution

The license shall not restrict any party from selling or giving away the software as a component of an aggregate software distribution containing programs from several different sources. The license shall not require a royalty or other fee for such sale.

2. Source Code

The program must include source code, and must allow distribution in source code as well as compiled form. Where some form of a product is not distributed with source code, there must be a well-publicized means of obtaining the source code for no more than a reasonable reproduction cost, preferably downloading via the Internet without charge. The source code must be the preferred form in which a programmer would modify the program. Deliberately obfuscated source code is not allowed. Intermediate forms such as the output of a preprocessor or translator are not allowed.

3. Derived Works

The license must allow modifications and derived works, and must allow them to be distributed under the same terms as the license of the original software.

4. Integrity of The Author's Source Code

The license may restrict source-code from being distributed in modified form *only* if the license allows the distribution of "patch files" with the source code for the purpose of modifying the program at build time. The license must explicitly permit distribution of software built from modified source code. The license may require derived works to carry a different name or version number from the original software.

5. No Discrimination Against Persons or Groups

The license must not discriminate against any person or group of persons.

6. No Discrimination Against Fields of Endeavor

The license must not restrict anyone from making use of the program in a specific field of endeavor. For example, it may not restrict the program from being used in a business, or from being used for genetic research.

7. Distribution of License

The rights attached to the program must apply to all to whom the program is redistributed without the need for execution of an additional license by those parties.

8. License Must Not Be Specific to a Product

The rights attached to the program must not depend on the program's being part of a particular software distribution. If the program is extracted from that distribution and used or distributed within the terms of the program's license, all parties to whom the program is redistributed should have the same rights as those that are granted in conjunction with the original software distribution.

9. License Must Not Restrict Other Software

33

The license must not place restrictions on other software that is distributed along with the licensed software. For example, the license must not insist that all other programs distributed on the same medium must be open-source software.

10. License Must Be Technology-Neutral

No provision of the license may be predicated on any individual technology or style of interface.

The Open Source Definition was originally derived from the Debian Free Software Guidelines (https://www.debian.org/social_contract#guidelines) (DFSG).

Last modified, 2007-03-22

Quelle: https://opensource.org/osd ; letzter Zugriff am 21.12.16

Quelle: http://www.pro-linux.de/news/1/6363/hp-und-ibm-melden-
umsatzsteigerungen.html ; letzter Zugriff: 21.12.16

Quellenverzeichnis

- Barro, Robert J., and Xavier Sala-i Martin (1995).*"Economic Growth. "* McGraw&Hill, New York 1961.

- Brockmeier, Joe, NewsFactor Network (2003*). "Is open source apple's salvation?"* http://www.news factor.com/perl/story/21318.html.

- Buxmann, Peter, und Thomas Hess (2015). *Die Softwareindustrie: Ökonomische Prinzipien, Strategien, Perspektiven.* Springer-Verlag.

- Ewers, Hans-Jürgen, Michael Fritsch und Thomas Wein (2003). *"Marktversagen und Wirtschaftspolitik – mikroökonomische Grundlagen staatlichen Handelns"* München

- Fichert, Frank (2002). *"Wettbewerbspolitik im digitalen Zeitalter-Öffnung vermachteter Märkte virtueller Netzwerkgüter. "* Beitrag zum 3. Workshop 'Ordnungsökonomik und Recht'des Walter Eucken Instituts.

- Fosfuri, Andrea, Marco S. Giarratana, and Alessandra Luzzi (2008). "The penguin has entered the building: The commercialization of open source software products." *Organization science* 19 (2) : S. 292-305.

- Franck, Egon (2003). "Open Source aus ökonomischer Sicht—Zu den institutionellen Rahmenbedingungen einer spenderkompatiblen Rentensuche." *Wirtschaftsinformatik* 45 (5) : S. 527-532.

- Gehring, Robert A (2004)." Sicherheit mit Open Source – Die Debatte im Kontext, die Argumente auf dem Prüfstein", in R. A. Gehring (Hrsg.) und B.Lutterbeck (Hrsg.): *Open Source Jahrbuch 2004.* Lehmanns Media: Berlin: S. 209-236.

- GNU Betriebssystem (1998). *"Halloween Document I"* https://www.gnu.org/software/fsfe/projects/ms-vs-eu/halloween1.html

- Gröhn, Andreas (1999). *Netzwerkeffekte und Wettbewerbspolitik: eine ökonomische Analyse des Softwaremarktes.* Vol. 296. Mohr Siebeck.

- Hang, Jiayin, und Heidi Hohensohn (2003). *"Eine Einführung zum Open Source Konzept aus Sicht der wirtschaftlichen und rechtlichen Aspekte."* Universität Paderborn (Hrsg.): Studie im Rahmen des Projektes NOW. Paderborn

- Hawkins, Richard E. (2004). "The economics of open source software for a competitive firm." *NETNOMICS: Economic Research and Electronic Networking* 6 (2): S. 103-117.

- Johnson, Justin P.(2002). "Open source software: Private provision of a public good." *Journal of Economics & Management Strategy* 11 (4): S. 637-662.

- Kalwey, Nadine, Stefan Kooths und Markus Langenfurth (2003) ."*Open Source-Software Eine volkswirtschaftliche Bewertung.*" MICE Economic Research Studies 4 : S. 1-105.

- Knebel, Matthias, und Markus Kürner (2015). "*Netzwerkeffekte und Open Source Software.*" Technische Universität Kaiserslautern, Kaiserslautern.

- Kogut, Bruce, and Anca Metiu (2001). "Open-source software development and distributed innovation." *Oxford review of economic policy* 17 (2): S. 248-264.

- Kotkamp, Stefan (2001*). "Electronic publishing: ökonomische Grundlagen des Handels mit Informationsprodukten.*" Dissertation Universität Karlsruhe, Karlsruhe.

- Lerner, Josh, und Jean Tirole (2000). "*The simple economics of open source.*" NBER working paper 7600.

- Lerner, Josh, und Jean Tirole (2002). "Some simple economics of open source." *The journal of industrial economics* 50 (2): S. 197-234.

- Lerner, Josh, und Jean Tirole (2005). "The economics of technology sharing: Open source and beyond." *The Journal of Economic Perspectives* 19 (2): S. 99-120.

- Open Source Initiative (2007).*"Open Source Definition",* https://opensource.org/osd

- Pasche, Markus, und Sebastian von Engelhardt (2004). "*Volkswirtschaftliche Aspekte der Open-Source-Softwareentwicklung",* Jenaer Schriften zur Wirtschaftswissenschaft, Wirtschaftswissenschaftliche Fakultät, Friedrich-Schiller-Universität Jena.

- Polanski, Arnold (2007). "Is the General Public Licence a rational choice?" *The Journal of Industrial Economics* 55 (4): S. 691-714.

- Pro-Linux.de (2004*). "HP und IBM melden Umsatzsteigerungen"* http://www.pro-linux.de/news/1/6363/hp-und-ibm-melden-umsatzsteigerungen.html

- Quah, Danny (2003). *"Digital goods and the new economy."* CEP Discussion Papers dp0563, Centre for Economic Performance.

- Reiß, Winfried (2007)."*Mikroökonomische Theorie: historisch fundierte Einführung.*" Walter de Gruyter GmbH & Co KG

- Renner, Thomas, Michael Vetter, Sascha Rex und Holger Klett (2005). *"Open Source Software: Einsatzpotenziale und Wirtschaftlichkeit: Eine Studie der Fraunhofer-Gesellschaft."* Studie der Fraunhofer-Gesellschaft, Fraunhofer IRB Verlag, Stuttgart

- Ryan, Richard M., and Edward L. Deci (2000). "Self-determination theory and the facilitation of intrinsic motivation, social development, and well-being." *American psychologist* 55 (1): S.68

- Searls, Doc, LinuxJournal.com (2003). *"Surprise: Apple's new browser is a sister to Konqueror."*, http://www.linuxjournal.com/article.php?sid=6565

- West, Joel (2003). "How open is open enough?: Melding proprietary and open source platform strategies." *Research policy* 32 (7): S.1259-1285.

- West, Joel, and Scott Gallagher (2006). "Challenges of open innovation: the paradox of firm investment in open-source software." *R&d Management* 36 (3): S.319-331.

- Wieland, Thomas (2001). "Linux als Geschäftsfaktor." *Linux Enterprise* (2)